山下義信と童心寺

新田光子

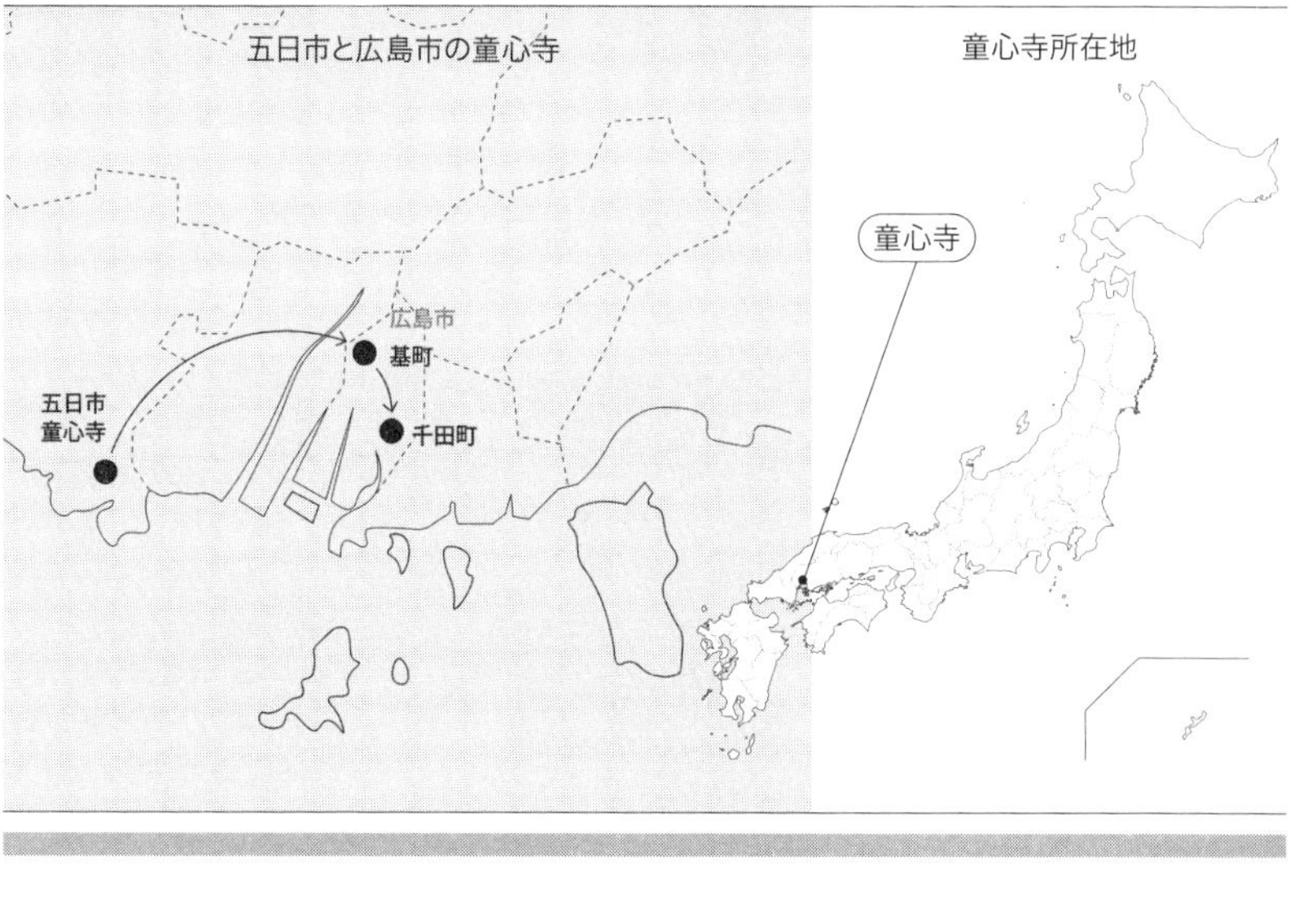

目次

はじめに

新田光子

二〇二三年三月、広島平和記念資料館において、六か月にわたる企画展『広島戦災児育成所――子どもたちと山下義信――』が開催された。広島戦災児育成所や山下義信師に関心をもつものにとっては注目すべき企画である。新田光子『広島戦災児育成所と山下義信――山下家文書を読む――』(法蔵館、二〇一七年)も参考文献に挙げていただいた。

山下義信師が、戦災児のために「広島戦災児育成所」を開設し、原爆孤児など二七〇人あまりを育てたこと、そして、参議院議員として、原爆援護法をはじめ戦後日本の社会福祉政策に関連する重要法案の成立に貢献したことは、それなりに語られている。しかし、義信師が浄土真宗本願寺派の僧侶であり、その言行の背後に宗教者としての一貫した信念が存在したことに踏み込んだ論評は少なかったように思われる。義信師の宗教的実践も、メディアで大きく取り上げられた「少年僧」の話題などに矮小化されてしまったような気がする。被爆七〇周年を迎えたころ、山下義信師と広島戦災児育成所の物語が再び取り上げられるようになり、地元広島では、「童心寺」とか、「童心寺物語」というタイトルの紙芝居や演劇が発表されて大きな話題となった。しかしそれは、童心寺＝広島戦災児育成所の意味で用いられていたにすぎない。

山下義信（「広島戦災児育成所」開所当時）

童心寺は、一九四九年、山下義信師によって広島戦災児育成所開設とともに、広島県佐伯郡五日市の育成所敷地内に創建された。育成所閉鎖後、山下家の人たちは市内に転居せざるを得なかったが、最終的に一九六一年、千田町に落ち着いた。義信師は千田町の自宅に手書きの「童心寺」という小さな寺標をかかげ、その後は浄土真宗の布教に精力を注がれた。義信師亡き後は、呉市の明法寺支坊住職熊谷純行師が住職代務をつとめられることになったが、これは明法寺支坊の前々住職熊谷覚行師が、義信師の中学以来の親友であり、山下家と熊谷家とが家族付き合いの間柄であった縁によるものである。二〇一九年、童心寺の宗教法人解散届が提出された。

広島平和記念資料館における企画展からも推測されるように、これから本格的な山下義信研究が進むことが期待される。その際、山下義信師は、広島戦災児育成所の運営と参議院議員としての政治活動と同じように、あるいはそれ以上に浄土真宗の布教活動に貢献されたことに注目していただきたい。そのために、童心寺住職、本願寺布教師としての山下義信師の活動の側面を、童心寺の略史としてまとめさせていただくことにした。『広島戦災児育成所と山下義信——山下家文書を読む——』を補足するものと考えていただければ幸いである。

山下義信師は多くの寺院、多くの宗教者と交流をもたれたが、童心寺に最後まで深くかかわったのは明法寺支坊であり、熊谷家の人たちであったことをふまえて、明法寺支坊にも最小限触れさせていただいた。

この小冊子は、七〇年にわたった「童心寺の歩み」である。

二〇二三年五月

1 童心寺の歴史

童心寺が本山、浄土真宗本願寺派に提出した届け書類により、同寺院の歴史を知ることができる。以下に、抜粋したい〔資料1〕。

資料1　浄土真宗本願寺派所属「童心寺」

1　登記住所
広島市佐伯区五日市町大字五日市字沖1176番地の2

2　本尊及び寺号届出
本山許可：昭和24年8月25日
地方庁許可：昭和24年8月25日

3　設立日

昭和24年8月25日　＊「宗教法人令」（昭和20年12月18日勅令第719号）に基づく

昭和28年10月12日　＊「宗教法人法」（昭和26年4月3日法律第126号）に基づく

4　解散日

平成31年2月6日

5　住職

山下義信（院号法名：童心院釋義信）　明治27年3月21日生　平成元年7月30日死亡

得度　昭和12年5月15日　教師　昭和13年2月13日

住職　昭和24年8月25日就任　平成元年7月30日退任

資格　布教使：昭和35年9月6日就任

輔導使：昭和21年11月11日就任　昭和22年6月30日退任

所属寺院　昭和24年8月25日　安芸教区高宮組（現広島北組）徳行寺より変更

改姓名　昭和12年6月17日地方許可　昭和12年11月12日本山登録　龍三より義信に変更

6　住職代務

熊谷純行（安芸教区安芸南組明法寺支坊住職）　昭和36年11月11日生

平成2年3月8日就任　　平成31年2月6日退任

7　所属僧侶

山下　晃（院号法名：明童院釋義顕）　昭和6年5月5日生

得度　平成7年11月12日　教師　平成8年6月29日

所属寺院　平成31年2月6日　安芸教区安芸南組明法寺支坊に変更

8　責任役員（略）

9　門徒総代（略）

上記の記載により、童心寺の活動には1、山下義信住職の時期、2、熊谷純行住職代務の時期、大きくこの二つの時期があったことがわかる。

以下、それぞれの時期の童心寺にかかわる主要な出来事をとりあげたい。

2 山下義信住職の童心寺（昭和二十四年——平成元年）

①山下義信住職の履歴書

山下義信師ご本人が書かれた履歴書が残っている。山下義信研究にとって欠かせないものと考え、ご遺族のお許しを得て掲載させていただく〔資料2〕。

ここには、「昭和十年母の勧めにて得度す」、「昭和二十四年十一月真宗本願寺派童心寺建立す。初代住職となる」、そして「昭和三十七年七月善行会設立、教化に努力す」などと書かれおり、義信師の宗教的実践活動が跡づけられる。

また、義信師は、シベリア出兵体験（巻末写真①）もある老兵ながら、アジア・太平洋戦争の末期には、四十九歳で佐世保重砲兵連隊に志願で入隊している。義信師の熱血ぶりを示しているが、入隊後は、隊内での宗教法話で好評を博したという。

履歴書

本籍 呉市三城通四丁目十三番地

現住所 広島市千田町三丁目十ノ廿七

山下《やました》義《ぎ》信《しん》

一、明治廿七年三月廿日呉市本通七丁目十五番地に生る

父 信海（呉市会副議長、呉銀行取締役等 呉服商、

大分県出身）

母 梅代（呉市新原町松浦仙兵衛長女）

一、呉市本通小、県立広島一中卒、広島仏教学院卒

真宗学寮に学ぶ、本願寺学階得業

一、大正七年予備役砲兵少尉（一年志願兵）としてシベリヤ出兵に応召、戦功により勲六等に叙す

一、大正九年有価券経営、世界恐慌により昭和五年廃業す

一、昭和十年母の勧めにて仏門に入り得度す

一、昭和十四年広島市南観音町一丁目に明徳塾を設立し工員の精神道場とす

一、昭和十七年九月広島県警察部講師を委嘱さる

一、昭和十八年四月広島県警察部嘱託、産報講師委嘱

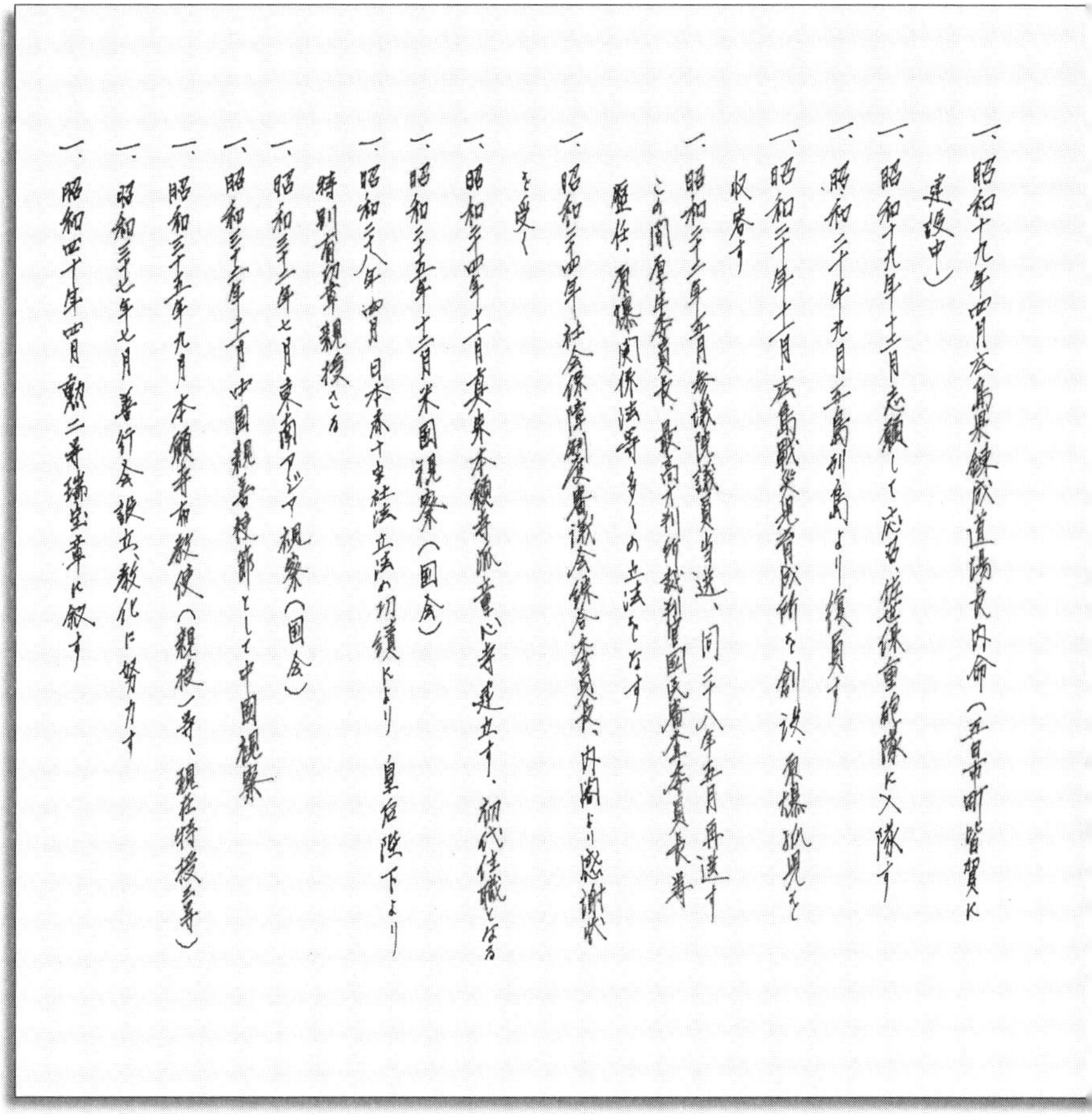

一、昭和十九年四月広島県錬成道場長内命（五日市町皆賀に建設中）
一、昭和十九年十二月志願して応召、船舶保重砲隊に入隊す
一、昭和二十年九月千島列島より復員す
一、昭和二十年十一月広島戦災児育成所を創設、原爆孤児を収容す
一、昭和二十二年五月参議院議員当選、同二十八年五月再選す
この間厚生委員長、最高裁判所裁判官国民審査委員長等歴任、原爆関係法等多くの立法をなす
一、昭和二十四年社会保障制度審議会委員、内閣より感謝状を受く
一、昭和二十四年十一月真宗本願寺派童心寺建立す、初代住職となる
一、昭和二十五年十二月米国視察（国会）
一、昭和二十八年四月日本赤十字社法立法の功績により皇后陛下より特別有功章親授さる
一、昭和三十二年七月東南アジア視察（国会）
一、昭和三十三年十一月中国親善使節として中国視察
一、昭和三十五年九月本願寺布教使（親授一等、現在特授三等）
一、昭和三十七年七月善行会設立、教化に努力す
一、昭和四十年四月勲二等瑞宝章に叙す

資料2　「義信履歴書」（本人手書き）

②山下家の人たち

山下義信師は信念の人であったが、その生き方に最も影響を与えたのは家族であったと思われる。両親にたいする想い入れは強く、多くの文章を残している〔資料3〕。

父山下吉十郎（のちに信海）は、呉服商として成功し（巻末写真②③）、呉市会副議長、呉銀行取締役などの要職を務めた。大正十四年、六十一歳で得度し、真宗僧籍に入った。父親の人となりについて義信師は「実に端正にして礼儀正しく清廉にして信義あつく、まったく古武士の俤髣髴たるものがあった」と述べている。

母梅代については、「容姿も読み書きもやさしい心根も、そして勤勉努力に優れ、ことに浄土真宗を深く聞法し、その信仰の篤信なること妙好人といわゆる程なり」と述べている。

なお、山下義信師の著書『真宗の聞き方』（善行会、昭和三十六年）のなかでは、「ある一人の篤信者」として語られている〔写真1〕。

山下義信師の宗教心の根源に、両親の愛情があったことはまちがいない。広島戦災児育成所も、宗教的な信念と親や子どもの具体的な愛を体現化するものであったと言ってもいいのではなかろうか。

写真１　母梅代（龍三、のちの義信師五歳の時に撮影）

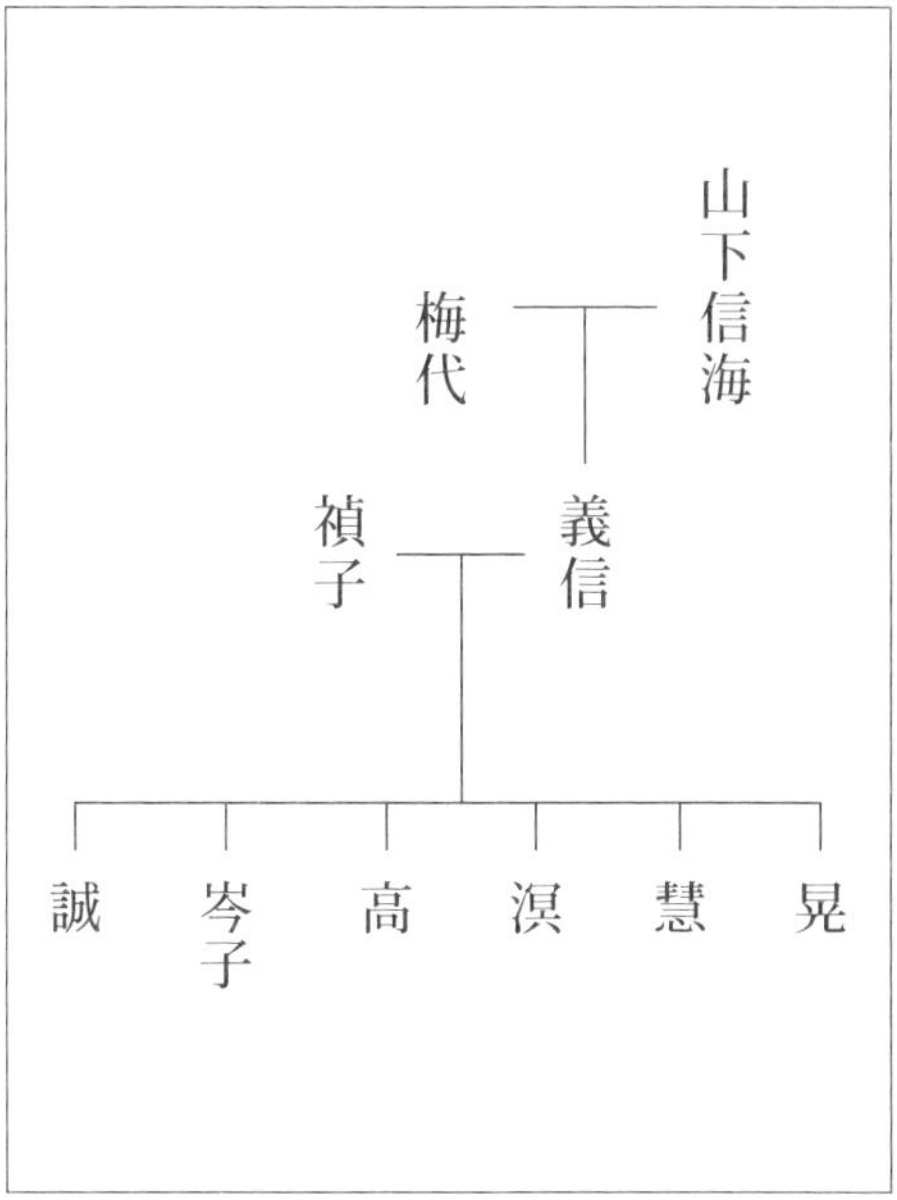

資料３　家系図

③童心寺の設立

広島戦災児育成所の開所は、昭和二十年十二月のことである。当初から、育成所の毎朝の日課に亡き両親にたいする仏参がくみこまれており、毎月八日には親兄弟の命日としての法要が営まれた。また十六日には浄土真宗宗祖の御命日仏事が行われた。

昭和二十一年、広島戦災児育成所の一人の少年が僧侶になることを希望したことをきっかけに、五人の少年が得度し、僧籍を得ることになった。「五人の少年僧」は、新聞などで繰り返し取り上げられ非常に大きな話題となった。五人は、得度後、豊田郡久芳村の正覚寺の衆徒となり、昭和二十八年、童心寺所属の衆徒に転籍した。

昭和二十三年十一月、寺院の宗派への所属承認下付願が浄土真宗本願寺派に提出された〔資料4〕。

寺院設立理由書

私儀

終戦直後広島原爆孤児育成を志し昭和二十年十一月末広島戦災児育成所を開設し、所域西北隅にある本堂（寺院造り）に本尊を安置し孤児育成の精神的拠所とし朝夕の礼拝命日の法要を営み且つ一般民衆に浄土真宗教義の宣布に努め爾来今日に至りました。其間孤児達の止むに止まれぬ欲求より得度せし五名の少年僧も出ました。児童は申すに及ばず部落民も寺院としての御承認を懇願して止みませんのでお願いいたしました次第です。

昭和二十三年十一月三十日

設立者　山下義信

資料4　童心寺設立理由書

④寺院の名称

寺院の名称は「童心寺」である。この名称について山下義信師はとくに書き残してはいないが、義信師が言葉の達人であったことの証拠になるであろう。これほどふさわしい寺名は考えられないからである。

数十年後、童心寺の門徒ではない人たちが「童心寺物語」という紙芝居や演劇にすぐにとけこめたのも、「童心寺」という名称にあるような気がする。ちなみに、全国ここ以外に「童心寺」は存在しない。

⑤本堂

本堂および所内配置図は次のとおりである〔資料5〕。

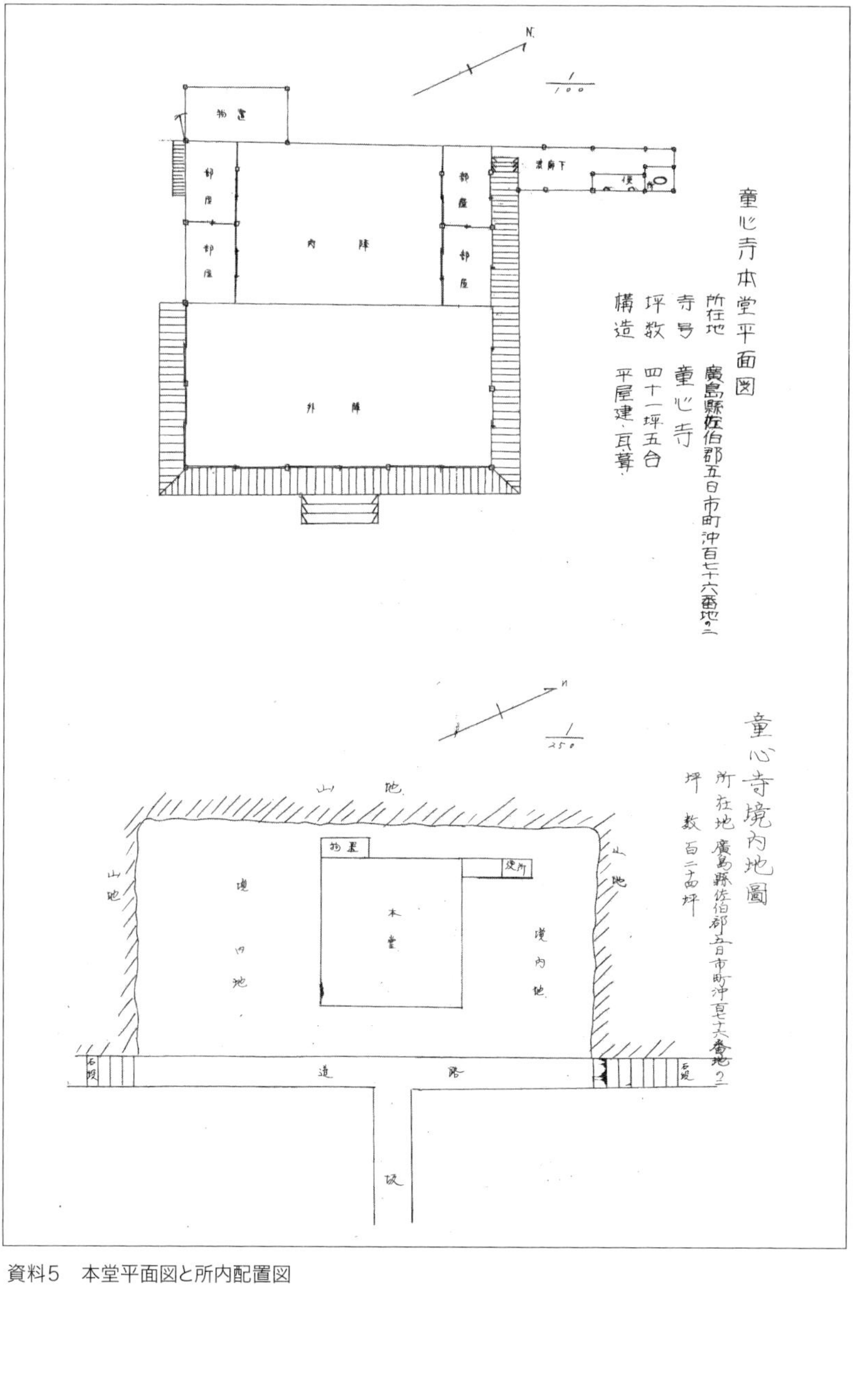

資料5　本堂平面図と所内配置図

⑥本尊

本尊は、「御絵像佛　阿弥陀如来」、脇掛けは、「祖師」および「蓮如上人」である〔写真2〕。

⑦坊守・総代・門徒

童心寺坊守は、義信師の妻、禎子である。六人の子どもを生み育てるとともに広島戦災児育成所では昭和二十二年四月には所長として重責を担い、昭和二十八年に広島市に移管されるまで在職期間が続いた。所長職は義信師より長く勤めた。童心寺においても、坊守、責任役員として、多忙をきわめる義信師を扶けた。昭和三十七年十月八日、六十歳で急逝したが、義信師は「昭和四年義信と結婚、爾来辛酸を共にす」「信仰篤くご法義のために尽くしたりき」「自らは原爆の重傷をうけ平素身を安んずるなくよく夫を扶け子女を訓え情誼に富み万人に親愛せられたる」の弔詞を書き残している〔写真3〕。

総代・門徒は、主として広島戦災児育成所の職員であった。（のちに平成の時期になると、育成所出身者が名前を連ねている。ここでは、氏名の記載は割愛した。）

写真2　本尊

写真3　義信師妻、禎子

⑧童心寺の正式認証

昭和二十四年八月二十五日、童心寺が正式に認証された。

⑨童心寺の移転

昭和二十八年一月、広島戦災児育成所が広島市に移管されることになったとき、童心寺の建物も接収され、山下家の人たちは、基町の仮設住宅に移転することを余儀なくされた。それ以降、童心寺は山下家居所ということになる。

その後、童心寺の建物は返還されたが、昭和四十三年七月、五日市町に寄付され、以来「皆賀沖公民館」として改築され、現在に至っている。

⑩童心寺再建計画

童心寺の建物を失ったことは、山下義信師にとっては、痛恨の極みであり、その後ずっと童心寺再建の願いをもち続けた。

昭和二十年代の末には、童心寺再建活動のために原爆孤児後援会をたちあげている。昭和三十年ごろに刊行された『童心寺物語』は三十ページあまりの小冊子ではあるが、童心寺のこれまでの経緯と将来構想を述べた充実した内容になっている〔写真4〕。

童心寺本堂の構想は、『童心寺物語』によれば次のとおりである。山下義信師が理想とした寺院の姿が理解できるであろう〔資料6〕。

写真4　『童心寺物語』表紙

資料6　童心寺本堂の構想

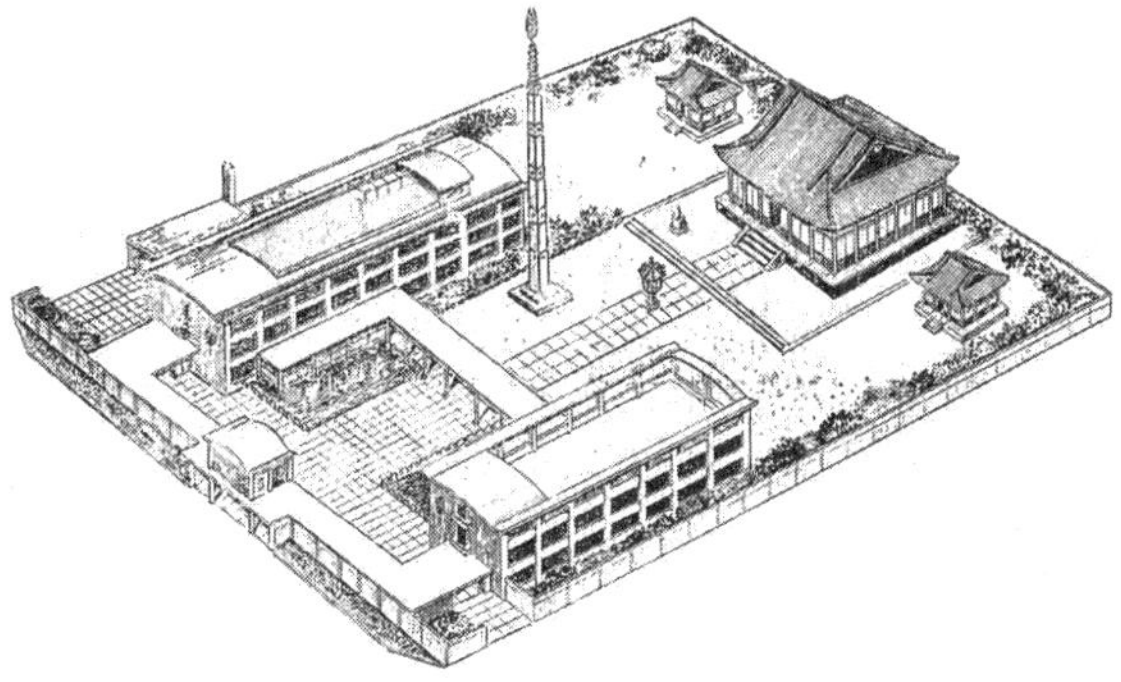

童心寺本堂建立の構想

潔く、濁りない少年の至純なねがいによつて創造された童心寺は、それから十年間、広島を中心とする多くの人びとのあたたかな心に記憶されて今日に至つたが、一昨年以来市民県民の間に、その本堂の建立が話題にのぼり、広島市当局も真剣にその実現に協力する意のあることを表明するに及んで、その実施のための準備会がもたれて、いろいろの構想を検討しているが、昭和三十四年八月は、あたかも戦災十三年に相当するので、それまでにぜひ完成したいという予定で進められている。

建設場所	広島市内
敷　地	約二千坪
建　坪	約一千坪
着工予定	昭和三十一年八月六日
落成予定	昭和三十四年八月六日
総工費	約一億二千万円

△構想の中には、「父母の鐘」の鐘楼、保育所、児童のための病院などが併設されることになつている。

原爆遺児後援会

東京事務所　東京都中央区銀座六丁目四番地
交詢ビル五階五〇八号
電話銀座(57)三八七七番

広島事務所　広島市基町一番地
電話西一二二七番

⑪ 布教活動

山下義信師は自ら、「義信布教講演記録　昭和三十四年七月〜三十六年十二月」と題して、五十件あまりの布教活動それぞれに「年月日」「寺名」「住所」「住職」「法座名」を記載している。法座は一日限りのものは少なく、多くは二〜三日にかけて、なかには四日にかけてのものが二割あまりを占めている。かなり頻繁であって、常に多くの寺院と関わった布教活動であった。

この記録によると、近在の寺院など広島県内寺院に出かけたものが多いのであるが、遠くは東京、築地本願寺まで出かけている。彼岸会、永代経法座など、それぞれの寺院年中行事に関係したが、「梵鐘再鋳慶讃法要」や「親鸞聖人七百回忌記念講演兼永代経」といった当時の特筆すべき法座布教が含まれている。昭和三十五年には、本願寺派布教使に特命されている。

なお、記録のなかで頻出する「寺名」が「明法寺」である。「法座名」には「故住職法事説教」とあり、後掲熊谷覚行師の「三五日忌」「一周忌」「三回忌」法事説教は、故人と義信師の親交の深さが伺われる。

⑫「善行会」活動

童心寺が基町の自宅居所においてからの主な宗教活動も、真宗教義の布教であった。昭和三十七年には自宅に「善行会」という団体を置き、布教活動に力を入れることになった。「善行会」の活動として、（1）『真宗の聞き方』の刊行と、（2）講演会の開催の二つをとりあげておこう。

（1）『真宗の聞き方』の刊行

昭和三十六年に善行会から刊行された『真宗の聞き方』は、山下義信師の唯一の著作である。

写真５　『真宗の聞き方』

この書物は、二部構成からなっており、第一部では、「聞法とは何か」をさまざまな視点から説明し、第二部は、信仰の根元にかかわる重要な概念の説明にあてている。フリガナをつけたり、漢字や仏教用語の読みと意味を丁寧に説明したりしているが、これから真宗を学ぶひとの入門書というよりも、わかりやすい伝道教化のありかたを意識したものではないかと思われる。本書全体が、強く簡潔な文章で書かれている〔写真5〕。

『真宗の聞き方』序文の最後の文章は次のとおりである。

「若きころ、是山勧学の風格にせっし、その後、はからずも広済院の門に学び、ともに近代の名哲に面授をうけたことは、無上の師孝とするところである。これというも、ひとえに母の恵みによることであった。近ごろ、思わぬことで、世間のことにかまけ、あたら空しく年月を費してしまった。残りすくない露のまも、お念仏に急がねばならぬと思っている。」

前半はわかりやすい。是山勧学とは、浄土真宗本願寺派勧学、是山恵覚師（一八五七―一九三一）であり、広済院とは、浄土真宗本願寺派勧学、高松悟峰師（一八六六―一九三八）のことである。母梅代の導きで、両勧学に学んだことは、たびたび語られている。是山勧学の教学が実践を意識していたことはよく知られている。山下義信師がそれを引き継いでいることは十分考えられる。

気になるのは、「近ごろ、思わぬことで、世間のことにかまけ、あたら空しく年月を費やしてしまった」という文章であるが、山下義信師はこれ以外にこうした文章を残していないので、推測は避けたいと思う。

(2) 仏教講演会の開催

善行会は、昭和三十七年七月から昭和四十五年十月まで九年にわたり、山下義信師を講師とする仏教講演会を開催した。毎月一回の予定であったが、これ以外にも他寺院の法座や各種団体に招かれての法話・講演がかなりの数にのぼり、善行会主催の講演会に限定すれば九十三回になる。精力的な布教活動であったといえよう〔資料7〕。

仏教講演会御案内

新しきスタートの人生に光あれと、こゝに真宗信仰の講演会を開きます

一、講　師　本願寺特命布教師 元参議院議員　山下義信先生

一、演　題　「光は親鸞から」

したしく聖人のおことばに接し、今年はぜひ幸福な念仏を喜びましょう

一、と　き　一月廿日(日)午后一時（正信偈おつとめ 広島別院指導）

一、ところ　市内袋町　見真講堂

何卒お誘い合わされ、早や目にお参り下さい

広島市千田町三丁目八五六

主催　善行会

電話(4)〇九〇二番

資料7 「仏教講演会御案内」

講演会場は広島市内袋町

の「見真講堂」が使われた。見真講堂〔写真6〕は、広島に原爆が投下された後の昭和三十七年、浄土真宗本願寺派「広島音楽高等学校」の講堂として建てられた。市内中心部には当時まだ大きな集会施設が少なく、同建物は原爆後に創設された学校の講堂としてだけでなくコンサートなど大人数を収容する会場としても市民に広く利用された。善行会講演会場としては昭和四十三年まで使用され、その後は宇品の長生園を会場とした。

聴衆は、当初は一〇〇名を超すこともあったが、全体を通してみれば、毎回六〇名から八〇名くらいであった。

講演会場での受付や資料の配布などは、ほぼ変わらず五、六人の門徒・知人が手伝った。山下家からは長女岑子氏、五男誠氏が手伝うことが多かった。

会場費その他必要経費は、会場での御法礼をあてた。

九年間のあいだに、講演会名も、仏教講演会、御文章講座、正信偈講座、親鸞講座などと変わり、山下義信師〔写真7〕が法話のありかたに心を砕いていたことが、残された資料からもうかがわれる。

昭和四十一年四月の仏教講演会の案内には、小さな字で「この案内で満講（おわり）といたします」と書かれていたが、結局、昭和四十五年十月まで続けることになった〔資料8〕。

写真6　見真講堂

写真7　晩年の義信師

「記念講座」御案内

一昨年からのお正信げのお講義もすみ、本会のご法座も九年を開しましたので、十月は、報恩感謝《ほうおんかんしゃ》の「記念講座」といたします。

正法《しょうぼう》を聞信《もんしん》あそばす皆様のお参りをお待ちいたします。

□とき　十月七日（水）　正一時（必ず時間までに）
□ところ　宇品御幸《みゆき》四丁目（四丁目下車）　長生園
□講師　童心寺住職　山下義信師
□演題　「生きる喜び」

一、勤行《おつとめ》「阿弥陀経」導師明法寺住職熊谷明行師、ゲスト仏教学院教授万谷和上のごあいさつがあります。
一、中休（お茶）、山下講話は「念仏の正意」をあきらかにいたします。
一、ご質問をどしどしお出し下さい。

主催　善行会
広島市千田町三丁目十一ー廿七
電話（四一）〇九〇二

資料8　「昭和四十五年十月七日　記念講座」

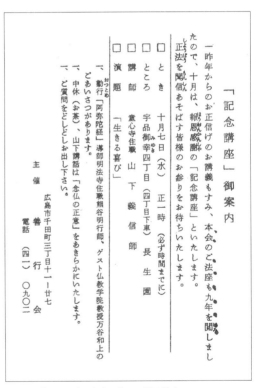

最後の講演会は「記念講座」と名付けられた。善行会のノートには、次のようなメモ書きがある。

本日慈母院の祥月追善をかね善行会の月例法座を終焉とする意味にて同行達の精進をねぎらいしなり　義信合掌

3 熊谷純行住職代務の時期（平成二年――平成三十一年）

①童心寺と明法寺

平成元年七月三十日、山下義信師が亡くなられた。葬儀の導師を勤めたのは呉市の明法寺支坊住職熊谷純行師であった。

平成二年三月八日付けで、熊谷純行師が童心寺の住職代務となった。熊谷純行師の祖父、熊谷覚行師が山下義信師と広島一中時代からの親友であり、熊谷家と山下家は、長年、家族ぐるみの交流があったことによる。

②熊谷覚行師・熊谷明行師

熊谷覚行師は明治二十四年広島県安芸郡和庄町の明法寺に生まれ、広島一中、熊本五高、京都大学を卒業、その後、呉市吾妻の明法寺支坊の住職を勤めた〔写真8〕。山下義信師とは広島一中で同級であり、山下師が「高校大学を通して、春秋の休暇には、私の家で寝食を共にする方が多かったと思う」と語るほどの仲であった。

一時疎遠になった期間もあったが、戦争直後から旧交を温め、家族ぐるみの交流が続いた。

熊谷覚行師の日記には次のような記述がある。

昭和二十八年四月二十五日

・・・十二時ごろ地方区が決定した。山下はグンと・・・抜いて最高点になる。・・・

賀頌　おごそかに審判は下った。最高の栄誉を荷負ふて　満目の焦点に立てる君よ　国民の為に救世の願を発し　諸の苦毒の中に在りて　忍んで悔いず　義に勇み　信を本として勇猛精進せり　今や三毒充満の議事堂の中に　救世の願行を重ねて誓ひ　白道を行く君をことほぎて　三十万の白蓮華が咲いた　仰ぐべし　頌ふ可し　山下義信法兄　覚行

昭和三十二年八月三日

午前九時半　山下義信君と妻君並に子供二人来寺　原爆で死んだ息子の十三回忌　読経それから二階で東南アジア視察の話を聞く　土産にセイロンの・・テーブルセンターと

印度カルカッタ産のシガーパイプを呉れた　大切にしたいと思う

熊谷覚行師の日記を、『父の日記』（昭和五十八年、私家版）として刊行したのは、熊谷明行師である〔写真9〕。明行師は、日記の公刊を臨済宗仏通寺派の香川寛光師に相談し、香川師が、序と時代背景を語る註を書いている。香川師は著名な学僧である。

写真8　熊谷覚行師

写真9　熊谷明行師

公刊されたのは、膨大な日記の一部であるが、それだけでも、あまり豊かでない寺院のインテリ住職の日常が生き生きと語られており、魅力的な人物像が浮かび上がってくる。それだけではなく、適切な時事批評もあり、社会史の資料としても貴重なものである。

熊谷明行師は、昭和十八年、松山の中部第九九部隊に召集され、昭和二十年一月、満州に送られた。敗戦とともにシベリアに抑留され、帰還したのは昭和二十三年であった。

帰国後、わりあい早くから山下義信師の手伝いをしていたようである。

写真10は、広島戦災児育成所の少年僧の写真であるが、使用されるとき左端の人物がカットされることが多い。だが、この男性こそ、熊谷明行師である。

昭和三十四年熊谷覚行師が亡くなられ、熊谷明行師があとを継がれた。童心寺（山下家）と明法寺支坊（熊谷家）の交流は続いたが、平成元年一月と七月に、熊谷明行師と山下義信師が相次いで亡くなられた。

明法寺〔写真11〕支坊は熊谷明行師の子息、熊谷純行師があとを継がれたが、童心寺は、山下義信師の子息、山下晃氏はこの時点では得度していなかったため、平成二年、熊谷純行師が童心寺住職代務に就任した。以後、平成三十一年に寺院が解散するまで住職代務を勤められた。

写真10　熊谷明行師と育成所少年僧

写真11　明法寺支坊

③ 山下晃師

山下義信師の子息、山下晃氏は、大学卒業後、労働省に入省、広島労働基準局に転勤後は父義信師を助けて、転勤を断り、広島労働基準局監察官で退職した。平成七年に得度し、童心寺所属僧侶となった。

浄土真宗本願寺派中央仏教学院通信教育は全国各地で学習会（「つどい学習会」）を組織しているが、山下晃師は広島地区の学習会の講師として後進の指導に当たった。

義信師の書かれた貴重な資料が現存しているのは、晃師の功績が大きい〔写真12〕。

山下晃師は、平成三十一年、明法寺支坊の所属僧侶となり宗教活動を続けていたが、令和二年十二月他界された。このときが童心寺〔写真13〕の文字通りの終焉に思えてならない。

写真12　山下晃師

写真13　童心寺

おわりに

新田光子

広島戦災児育成所創設者である童心寺住職としての山下義信師について簡単にまとめておきたかったので、「童心寺略史」として書かせていただいた。また、童心寺を支えた寺院として、明法寺支坊についてもふれさせていただいた。

童心寺・山下家の方々、明法寺支坊・熊谷家の方々に共通しているのは、仄聞するかぎり、家族を大切にし、優しさと豪放さを兼ね備えた信念の人たちだということではないかと思う。安芸僧侶の末席に連なるものとして、心から敬意を抱いている。

このような小冊子をまとめたいという勝手な願いを許してくださったのは、故山下晃師の夫人、澄子さんである。永年のご厚情に感謝の言葉もない。

明法寺支坊住職、熊谷純行師には、大変有益な情報、資料をご提供いただいたが、十分活かすことができたかどうか心もとない。行き届かない点は、ご容赦いただきたい。

高橋三郎先生（京都大学名誉教授）には、戦友会共同研究以来今日まで変わらず研究上の指導を仰いできた。この広島戦災児育成所・童心寺研究は、当初から共同研究者として精力的に関わっていただいた。高橋先生と晃師、澄子さん、そして私で、たくさんの語らいの時間をもたせていただいたことは何物にも代えがたい経験であって、有難いことであった。

二〇二三年三月から広島平和記念資料館企画展『広島戦災児育成所――子どもたちと山下義信――』が開催されたのは、近現代史研究者であり山下義信師について以前から研究を進められていた植野真澄学芸員の存在が大きかったと思われる。その前二〇二二年七月、ＮＨＫ広島放送局は「日誌につづられた孤児たちの戦後――広島戦災児育成所の記録から――」を放送したが、資料の保存活用の難しさを痛感している私にとって、植野さんは大変心強い存在である。

お名前をあげさせていただかなかったものの、本誌は小冊子ながら多くの人々の手を煩わせた。いずれの方たちにも戦争記録資料を次世代に伝える意味や大切さを理解し、協力していただいた。過去の戦争記録にこだわる作業に今後ともお力添え、ご指導賜ることを切にお願いしたい。

上野かおるさん（上野かおる装幀室）、永田唯人さん（永田文昌堂）には、『寺録に見る寺院の歴史』（元浄公昭著、永田文昌堂、二〇二〇年）出版に続き、このたびもお世話になった。心からお礼申し上げたい。

二〇二三年向暑

写真（山下義信写真アルバムより）

＊写真の手書き説明は、義信師が書き入れた。

①

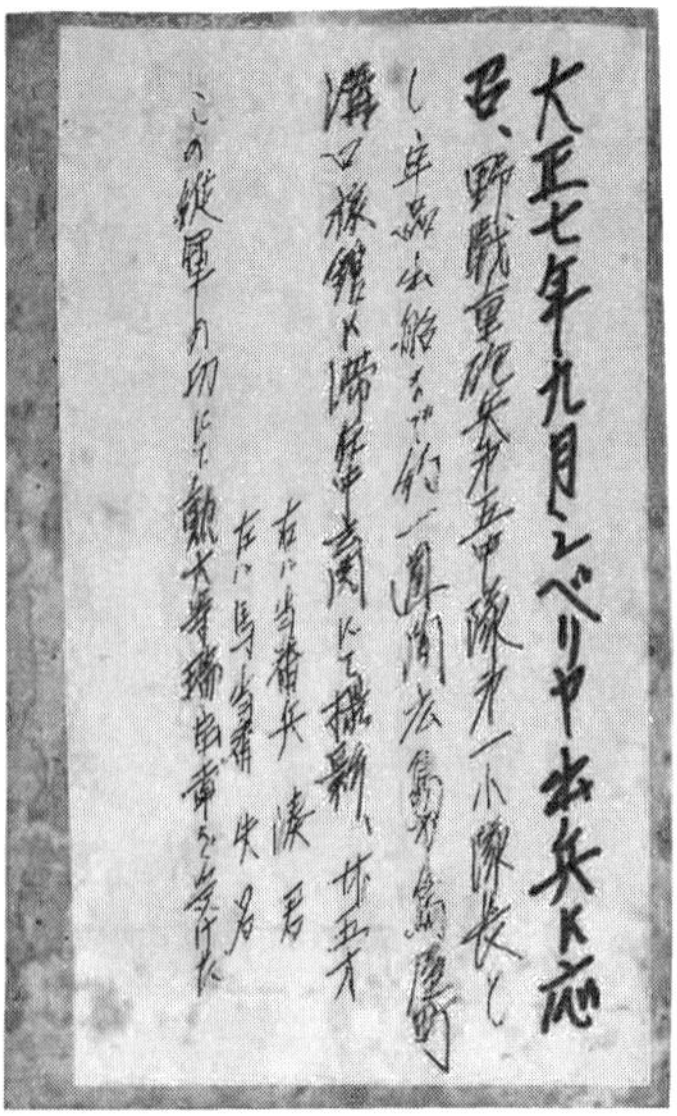

大正七年九月シベリヤ出兵に応
召、野戦重砲兵第五中隊第一小隊長と
し宇品出船ナリ約一週間広島第[illegible]
溝口旅館に滞在中[illegible]にて撮影、廿五才
右ハ当番兵 湊 君
左ハ馬当番 某 君
この従軍の功にて勲六等瑞宝章を受けた

（山下呉服店売出しの光景）

②「山下呉服店」　新館拡張の為隣りの角を買収し旗囲いをした（大正六年）

③ 同上

④（広島戦災児育成所）開設前の全景

⑤　開設当時の前景

⑥

門と入口
標札は山下が書きました
「孤児」としないで、考えて
「戦災児」としました。

昭和20年12月
原爆で負傷の子もいる

⑦

⑧　所内で教育　教育係：斗桝先生

⑨　天皇に説明する義ゝ信

⑩ 25. 12. 1 大谷光照門主来所す (退所されるところ)

⑪ 25. 12. 22 吉川英治氏

［著者紹介］

新田光子（にった　みつこ）
龍谷大学名誉教授。専門は宗教社会学。著書に『原爆と寺院』（法蔵館、２００４年）、編著に『戦争と家族』（昭和堂、２００９年）、『広島戦災児育成所と山下義信』（法蔵館、２０１７年）など。

山下義信と童心寺

2023（令和5）年7月22日　第1刷発行

著　者　新　田　光　子
制　作　上　野　か　お　る
発行者　永　田　唯　人
印刷所　亜細亜印刷株式会社
　　　　創業慶長年間
発行所　永田文昌堂
　　　　京都市下京区花屋町通西洞院西入
　　　　電　話（075）371-6651
　　　　F A X（075）351-9031

ISBN978-4-8162-6070-4 C1015